LETTRES

AUX ELECTEURS

DE L'AN V,

AUX DEUX CONSEILS,

AU DIRECTOIRE,

ET AUX PUISSANCES ÉTRANGÈRES,

SUR LA PAIX.

LETTRES
AUX ELECTEURS
DE L'AN V
AUX DEUX CONSEILS,
AU DIRECTOIRE,
ET AUX PUISSANCES ÉTRANGÈRES,

SUR LA PAIX.

Unus Deus, una fides, una religio,
Unus populus, una republica
In oblivione injuriarum, in
Consortio amoris et justitiæ.
Fiat pax in virtute nostrâ et
Abondantia in turribus nostris.
                    Amen, amen.

A PARIS.

Août 1797.

SAGESSE.

Principiis obsta, serò medicina paratur.

CLÉMENCE.

Parcere devictis.

ÉNERGIE.

Quousque tandem abutere, Catilina, patientiâ nostrâ?..

JUSTICE.

Debellare superbos.

A U
PEUPLE FRANÇAIS.

Jusques à quand la fureur des partis, alimentée par les passions les plus désastreuses, fera-t-elle de la France entière, de la plus belle et de la plus riche contrée du monde, une arène sanglante de vils gladiateurs, un vaste champ de carnage et de mort ?...

Jusques à quand se prolongera, dans les convulsions de la haine et du désespoir, *cette lutte scandaleuse* entre l'ambition et la véritable gloire, l'ignorance et les lumières, l'intrigue et les talens, le despotisme et la justice, le pouvoir arbitraire et les lois, le crime et la vertu, l'oppression et l'innocence, enfin entre l'athéisme le plus audacieux et la plus auguste, la plus sainte des religions ?...

Par quelle fatalité, par quelle maligne influence, voyons-nous, sous les regards même du CORPS LÉGISLATIF, une poignée de factieux convertis, pour ainsi dire, en *bêtes féroces*, se disposer à signaler encore *leur monstrueuse existence* par le trouble, le désordre,

A 2

l'incendie, le meurtre, le pillage et les persé-
cutions les plus odieuses?...

Le peuple n'a-t-il pas été trop long-temps
le jouet de ses propres caprices, la victime
d'un coupable délire et la proie de tous ceux
que, dans un aveugle enthousiasme, il pro-
clama ses libérateurs depuis la sinistre journée
du 6 octobre jusqu'à la chute de l'infâme Ro-
bespierre, d'exécrable mémoire?...

> Iræ Thystem exitio gravi
> Stravere, et aliis urbibus ultimæ
> Stetere causæ cur perirent
> Funditùs, imprimeretque muris
> Hostile aratrum exercitus insolens.

Serions-nous donc destinés à retomber sous
l'empire abhorré de l'anarchie, à grossir dans
les prisons et sur l'échafaud le nombre *des
illustres malheureux* que la révolution a dé-
vorés, ou qu'elle n'aurait épargnés que pour
les livrer à de nouveaux supplices?...

A ces mots qui bouleversent la nature, quel
cri général d'indignation part comme l'éclair
et retentit avec le bruit du tonnerre, du nord
au midi, de l'orient à l'occident, et dans l'im-
mense étendue du territoire français!...

Oui, l'arrêt est irrévocablement prononcé

par une *autorité supérieure* contre les brigands et les assassins de la patrie. Un repentir feint ou tardif ne saurait désarmer la vengeance publique : il faut que *la tyrannie usurpatrice* des droits et du pouvoir de la nation, *tombe à genoux* devant ses fidèles représentans, ou l'heure dernière de ses cruels boureaux est sur le point de sonner avec l'explosion et la rapidité de la foudre.

Non, non, nous ne voulons pas plus *d'un esclavage honteux* que *d'un trépas déshonorant......* Nous avons traversé le torrent des proscriptions. Nos cœurs, nos bras, nos têtes ont constamment repoussé le joug avilissant des dominateurs. Nous n'avons jamais montré, *sous leurs doigts homicides*, la flexibilité de la cire, pour nous laisser couler ou jeter dans *les moules empestés* des Marat, des Chaumette, des Hebert et compagnie.

Nos âmes, au contraire, sont d'*une trempe vigoureuse*, qui les met au-dessus des coups du sort et des atteintes *de la scélératesse*. Nos mains, s'il faut enfin engager le combat, auront, au besoin, la dureté du fer le plus solide pour *immoler les tigres* qui oseraient nous attaquer, et nos fronts aussi *indomptés*

qu'*indomptables* , au milieu même des poignards sanglans, ne s'inclineront que devant
la vertu, la justice et les lois....

Aux Electeurs de l'an V.

O vous , que la voix du peuple appela ,
dans des circonstances difficiles , aux pre-
mières , aux plus importantes fonctions de la
république ;

Vous, dont le choix librement manifesté
sous les heureux auspices de toutes les vertus
sociales, promettait d'avance au corps législatif des hommes dignes de la représentation
nationale ; à la patrie encore affligée des
enfans et des libérateurs ; aux puissances
étrangères , des amis sincères de la paix,
de l'ordre, de la félicité commune; au monde
entier, des ministres visibles de la justice et
de la bonté suprême !

Honnêtes citoyens , qui presque tous dé-
corés du titre glorieux de pères de famille
divisés en fonctionnaires publics, propriétaires , agriculteurs , négocians , jurisconsultes,
artistes et gens de lettres, formez sous le nom
respectable d'électeurs , les principaux élé-

mens de notre association politique , agréez mes vœux et mon hommage !

Mais ce n'est point assez : quelles actions de graces ne méritez-vous pas aujourd'hui de la part de tous les bons Français ! De combien d'éloges et de bénédictions ne devez-vous pas être comblés !

Qu'il fut beau, qu'il fut grand , qu'il fut solemnel, *pour le triomphe prochain de la nouvelle législature* , le jour où, rassemblés dans vos départemens respectifs, vous nous donnâtes, *à la face du ciel et de la terre* , des députés dont vous et la nation auriez bientôt à réclamer l'appui, *des députés* qui , par l'ascendant du génie , l'empire des talens et l'héroïsme du courage , empêcheraient le retour affreux de la terreur et de l'anarchie !

Que je me plais à me reporter à une époque qui me présente des idées si consolantes et si délicieuses ! Alors vous fûtes persuadés, par le sentiment d'une intime conviction et par la trop longue expérience du passé, que l'intérêt du bien général, ainsi que le besoin de votre sureté personnelle, vous imposaient l'obligation de n'élever *au grade sublime de législateurs*, que des hommes probes, sages, éclairés, étrangers aux factions, fermes dans les principes de la raison et de l'équité; remplis enfin, de cet esprit de lumière, de force, de prévoyance, qui déjoue les projets de l'intrigue, enchaîne le crime audacieux, et réduit le méchant à l'impossibilité de nuire, soit par voie directe ou par des moyens secondaires.

Notre révolution, qui tient et qui aurait dû se borner à la réforme de certains abus, mais dont les suites ont été si funestes à toute l'Europe, devient pour vous, au milieu des catastrophes sanglantes qui l'ont accompagnée sur le continent et au-delà des mers les plus éloignées, une *leçon terrible* que vous avez su mettre à profit pour la gloire de votre siècle et pour le bonheur des générations futures.

Vous aviez reconnu que le premier enthousiasme des Français, pour la conquête de la liberté, pour le triomphe de leur indépendance, excité, dirigé *à leur insçu* par des innovateurs ambitieux, avait été un de ces élans d'une âme séduite et subjuguée, qui se porte avec ardeur vers la possession d'un objet dont l'attrait est irrésistible.

(9)

Vous aviez prévu, vous aviez redouté les dangers de *cette effervescence populaire*, à laquelle une tactique aussi adroite que perfide, offrait pour aliment des *abstractions, des systèmes* et *des rêveries*. La multitude, dont l'oreille était sans cesse frappée des noms spécieux *de bien public*, *de philantropie*, *d'égalité*, ne jura plus que par des mots dont elle ignorait *le sens* et *la magie*. Follement elle abandonna la réalité pour ne poursuivre que des chimères et des fantômes, qui lui échappaient au moment où elle se flattait de les atteindre et de les saisir. Elle courut, s'agita, perdit haleine, et tomba dans le précipice avec les monstres qui l'égaraient. C'était le résultat nécessaire d'une secousse violente, qui ne lui permettait que l'abus de ses forces, de ses moyens et de son activité.

En effet, ces desirs, ces transports que produit à l'égard même d'un être purement imaginaire, la trop douce illusion d'une prochaine jouissance, eurent le sort *des passions effrénées*, qui, s'irritant en proportion des obstacles à vaincre, des difficultés à surmonter, dégénèrent en fureur, renversent, immolent tout ce qui leur fait résistance, et finissent par dévorer, dans les déchiremens d'une longue agonie, le malheureux chez qui elles ont établi leur empire tyrannique.

Vertueux et sensibles électeurs de l'an 5, vous avez été profondément affligés des maux de la patrie : aussi, pour remplir dignement votre mission honorable, vous êtes-vous bien gardés de confier les destinées de la France à des *esprits brouillons* ou à *des êtres apathiques.*

Il vous était démontré jusqu'à l'évidence que les uns, avec des talens, du caractère, de l'énergie, *ont la tête trop chaude* pour traiter *froidement*, et comme il convient, des affaires d'état ; que les autres, également à craindre par leur insouciance et leur nullité, souffrent tout, approuvent tout, et que leur *versatile existence* semble moins leur appartenir, qu'être, selon les circonstances, un instrument de vie ou de mort entre les mains des dominateurs.

Oui, *votre moralité individuelle et collective* nous en répondait avant l'événement ; vous n'avez offert à la Nation que le tribut de l'estime, de l'amour et de la reconnaissance, *en proclamant pour législateurs* des hommes inaccessibles à l'ambition qui ne pardonne point la concurrence, au fanatisme qui égorge, à la vengeance qui assassine!...

Vous avez pensé qu'il était temps, et vous vous êtes empressés de mettre un terme à nos divisions, et d'éteindre pour toujours les torches encore fumantes de la guerre civile.

Lyon, le Contat - Vénaissin, Marseille, Toulon, la Vendée, Nantes, les côtes de Cherbourg, etc., vous réfléchissaient des images trop sombres; ces villes, ces contrées, autrefois si tranquilles, si heureuses, si florissantes, avaient vu trop de victimes *s'englou-tir dans le goufre de la révolution*, pour ne pas opposer, à l'aide *des nouveaux repré-sentans*, un ebarrière invincible, à ce torrent dévastateur, dont les eaux vagabondes semblaient, comme un déluge, vouloir inonder la surface du globe....

Je m'arrête....... Mais si la religion nous commande le sacrifice de souvenirs pénibles, de regrets douloureux, *la conservation du corps politique* exige que ses membres, pour prévenir ou éloigner de nous de pareilles calamités, aient sans cesse les yeux fixés sur ce tableau qui rappelle à la mémoire attristée les

scènes d'horreur les plus révoltantes, les forfaits les plus inouis, dés cruautés telles qu'il
ne s'en trouve peut-être point d'éxemple dans
aucune histoire connue.

Je vous salue, honnêtes, sages et prévoyans
Electeurs de l'an 5. Vous avez bien mérité
de la France et de l'Europe entière !... Vous
avez élevé autour de nous *un mur d'airain*
contre lequel viendront *se briser* tous les
efforts de nos ennemis communs. Vous nous
avez environnés de *défenseurs intrépides* qui
marchent, dans le sentier de la justice et des
lois, sur une ligne parallèle à nos armées
triomphantes, pour obtenir une paix honorable et solide.

Tandis que les véritables enfans de la patrie,
fidèles à leurs sermens, immortalisaient notre
gloire au-dehors par des succès extraordi-
naires ; tandis que la victoire, jalouse de sa
conquéte, se plaisait à voler sur les pas du
jeune héros de l'Italie, dont la conduite a quelque chose d'étonnant, soit qu'il agisse par
l'impulsion de son propre génie, ou que sa
mission soit divine pour opérer des événemens d'un ordre supérieur.

Vous avez placé près de nos foyers, de

nos familles et de nos propriétés, des *gardiens vigilans, des sentinelles incorruptibles* qui ne souffriront jamais que l'on porte la moindre atteinte à nos droits civils et politiques. Ils se montreront toujours dignes d'eux-mêmes, de vous et de leurs commettans. Forts du témoignage d'une bonne conscience, soutenus du calme et de l'énergie du peuple, humains par principe autant que par caractère, généreux par grandeur d'ame, ils sauront, dans l'occasion, affronter les périls, et s'il fallait, enfin, *payer de sa personne*, ce serait pour vaincre et pardonner.

Sans doute, il est beau d'être rangé, *de son vivant même*, parmi les hommes célèbres qui se sont fait un grand nom, une réputation brillante dans la carrière des armes ; mais, aussi, qu'ils sont agréables, qu'ils sont doux à moissonner les lauriers que l'on cueille au milieu des larmes de la reconnaissance, et dans le sein de la modération !....

Au Conseil des Cinq-cents.

Fidèles mandataires d'un peuple reconquis à l'honneur, aux lumières, à la véritable religion, à la justice et à la vertu ; premiers organes de *sa volonté suprême* dans l'exercice du pouvoir législatif, membres du nouveau tiers ! et vous tous qui, défenseurs intrépides de l'innocence opprimée ou malheureuse, soit en France, soit chez l'étranger, n'avez jamais obéi qu'à la voix de votre conscience, à celle de la raison et de l'humanité ; qui, *dans l'éxil ou dans les fers*, avez toujours bravé les tyrans et leurs poignards, quel spectacle imposant vous offrez depuis quelques jours à vos concitoyens et à l'Europe entière !...

J'ai osé, dans mon adresse aux électeurs de l'an 5.e, *vous mettre en face de vos contemporains* : je vous ai présenté à leurs yeux tels que vous êtes réellement. Vous êtes bien dignes de fixer leurs regards, et leur opinion sur votre mérite personnel, sur vos qualités morales, deviendra, sans doute, celle de la postérité, dont ils sont déjà les échos désintéressés.

Quels titres de gloire, quels éloges, quels témoignages de confiance, quels sentimens de vénération puis-je et dois-je ajouter à ceux que je viens de vous offrir, dans les douces effusions d'un cœur agréablement agité, au *nom sacré de la Patrie reconnaissante !*

Placés dans l'ordre civil et politique, par le vœu librement manifesté de vos commettans, par la nature de votre institution, au-dessus de toutes les autorités constituées, vous êtes *l'ame*, *la vie*, *la pensée*, *la parole et le grand lien du corps social.*

Ne serait-ce pas un attentat monstrueux aux droits et à la souveraineté de la nation, que de former contre ses représentaus, contre ses plus fermes appuis, *des complots homicides, des entreprises sanguinaires,* qui ne se borneraient pas seulement à leur enlever, par *des calomnies atroces, par d'infâmes libelles,* notre amour, notre respect et nos hommages, mais qui tendraient encore à compromettre *la tranquillité publique,* en les sacrifiant à quelques ambitieux, en les exposant aux coups et à la fureur de leurs ennemis ?...

On peut juger de la haine implacable de ceux-ci, des vengeances qu'ils méditent et de la profondeur de leur méchanceté, par l'audace qu'ils montrent dans ce moment, par la hardiesse de leurs propos, par le scandale de leurs provocations, et par la constance de leurs coupables tentatives pour exciter, dans la capitale, un mouvement séditieux, à la fa-

veur duquel ils éxécuteraient leurs projets li-
berticides.

Écoutez, Français, et frémissez d'indignation : voici les crimes dont *ces forcenés* ont
l'impudeur d'accuser les députés que vous
avez élus à la nouvelle législature.

1.º « Ce sont *de vrais royalistes*, s'écrient-
» ils, qui, sous les dehors d'*une fausse popu-*
» *larité*, travaillent sourdement avec le haut-
» clergé, les anciens nobles, et tous les riches
» propriétaires de 1789, au rétablissement de
» la monarchie pure et simple.

2.º » Ce sont *des fanatiques renforcés*, dont
» les idées religieuses repoussent tous les cultes
» récemment introduits, pour n'adopter, ne
» reconnaître, ne professer et ne protéger
» que celui conforme aux principes orthodoxes
» de l'église catholique, apostolique et romaine.

3.º » Ce sont *des hommes vendus* à Louis
» XVIII et aux émigrés, des êtres vils dont
» la sensibilité intéressée n'est qu'un prétexte
» pour frayer, à l'un, la route du trône, et
» préparer aux autres un triomphe aussi cer-
» tain qu'éclatant sur les acquéreurs des do-
» maines nationaux, sur les bons patriotes et
» sur les francs républicains.

4.º

4.° » Ce sont *les antagonistes* du directoire
» éxécutif qu'ils veulent renverser ou asservir
» pour se débarrasser d'un surveillant impor-
» tun, pour arriver sans obstacle à leurs fins
» criminelles.

5.° Ce sont *les opposans directs* à la paix,
» tant intérieure qu'extérieure, par la lutte
» qu'ils élèvent à dessein entre eux et les pre-
» miers magistrats du peuple, par le refus
» positif d'accorder les fonds nécessaires au
» maintien de l'ordre au dedans, et à l'entier
» succès de nos négociations au dehors. »

Ces prétendus griefs, s'ils existaient en effet
contre les membres du nouveau tiers, s'ils n'é-
taient pas imaginés *par la malveillance et la
perfidie*, seraient, je l'avoue, de nature à al-
larmer les amis de la constitution, à leur donner des craintes et des inquiétudes pour
l'avenir. Mais pour tranquilliser les esprits,
je vais examiner, sans la moindre partialité,
sans aigreur, sans passion, *les différens chefs
d'accusation* dont il s'agit. Il est aisé de les
détruire, et non pas aussi facile de se renfermer *dans les bornes de la modération*, en
réfutant des imputations aussi absurdes qu'in-
jurieuses aux membres les plus purs, les plus

B

ĥonnêtes, les plus instruits et les plus distin-
gués du corps législatif.

1.° Sur le reproche et le soupçon du roya-
lisme, je réponds aux calomniateurs par des
faits notoires et incontestables.

Je leur demande ce que présentait, ce qu'é-
tait réellement LA FRANCE, à l'époque de
l'installation des nouveaux représentans. Elle
offrait à l'œil observateur, dans le lointain
d'un théâtre magnifiquement décoré, le triste
spectacle du crime heureux et de la vertu
persécutée.

C'était, sous le nom du sol de la liberté,
une terre de proscription, où les BATARDS,
au préjudice des ENFANS LÉGITIMES de la
mère patrie, jouissaient des biens, des richesses, des emplois, des honneurs, des dignités
que les derniers possédaient autrefois par droit
de naissance et de succession, à titre de propriétés foncières et de services rendus à la
société.

Des lois cruelles et barbares, des lois de
sang, déshonoraient la constitution, insultaient
aux sentimens d'un peuple juste, humain, généreux et sensible. Les administrations mu-
nicipales et départementales, les tribunaux

civils et criminels étaient remplis d'individus flétris par l'opinion publique et entachés du despotisme révolutionnaire.

La fortune de l'état, l'existence des pauvres rentiers, le sort des malheureux commis, se trouvaient abandonnés à la merci du monopole le plus odieux, à la discrétion de l'agiotage le plus révoltant. Des marchés concussionnaires, le gaspillage des finances, les caisses particulières livrées à l'égoïsme des receveurs ou à l'avidité de quelques hommes en place, les coffres de la nation toujours ouverts aux riches de la nouvelle france, et presqu'entièrement fermés aux créanciers de l'ancien régime, les fournisseurs gorgés d'or, les spéculations les plus funestes à l'agriculture, au commerce et aux arts : voilà le tableau peu consolant de notre situation politique, au moment où la législature actuelle se recomposa *du tiers prétendu royaliste*, auquel on prête si gratuitement des intentions contraires au système établi.

Fallait-il donc laisser subsister des abus aussi crians, aussi monstrueux ? Les députés qui entraient au corps législatif avec des mandats formels du peuple, pour ramener le

règne de la justice et des mœurs, pour anéantir
ce qui pouvait encore rester dans les lois présentes du code anarchique et de l'esprit révolutionnaire ; ces mêmes députés n'avaient-
ils pas le droit incontestable de demander
compte de l'emploi des deniers publics, de
proposer des changemens que provoquaient
l'équité, la raison, l'intérêt de tous, et la voix
toute puissante de la conscience nationale ?

Peut-on dire ici qu'il y ait forfaiture de
leur part ou qu'ils ont outrepassé leurs pouvoirs ? Non, sans doute. Quoiqu'en plus petit
nombre dans une assemblée, dont les membres
en grande partie n'étaient point les vrais élus du
peuple, ils ont dû parler et agir au nom de
la majorité imposante des Français propriétaires, agriculteurs, négocians, utiles à leur
pays par leurs talens et leur industrie, libres
enfin, et non influencés dans les dernières élec-
tions. Nous auraient-ils représentés, auraient-ils
rempli leur mission ? N'auraient-ils pas, au contraire, été coupables aux yeux de leurs commettans ; n'auraient-ils pas fait pitié à leurs propres collégues, s'ils avaient gardé dans le sénat
un honteux silence sur des objets fortement
recommandés à leur sagesse, à leurs lumières

et à leur sensibilité , sur des objets d'économie politique, qui intéressaient en particulier
tant de citoyens malheureux , tant de familles
infortunées , et en général toutes les classes de
la société , toutes les branches de l'administration publique ?.....

Voilà donc les crimes de ces hommes dont
les jours sont menacés, dont la calomnie em-
poisonne si perfidement les discours et les
actions ! Ah ! sans doute , tant qu'ils n'auront
pas d'autres torts à se reprocher , ils consen-
tent bien volontiers, à ce prix , d'être traités
de royalistes et de contre-révolutionnaires.
S'ils étaient accusés et mis en jugement pour
de semblables délits, il faudrait alors , sous
ce rapport, faire le procès à la Nation elle-
même : en effet, ils ne sont que les organes
de la volonté suprême , qui repousse et ré-
prouve aujourd'hui tout ce qui porte l'em-
preinte du caprice , de la passion et de l'arbitraire.

2.° Il n'y a que la mauvaise foi la plus
insigne , l'impiété la plus absolue , l'athéisme
le plus audacieux, qui soient dans le cas de
signaler comme *fanatiques* , comme *intolé-
rans*, sous les rapports des idées et du culte

religieux , des hommes éclairés , que leur caractère de députés, le vœu bien prononcé du peuple souverain dans les assemblées primaires, le respect des anciennes institutions, en un mot, les droits imprescriptibles de la nature et des conventions sociales, autorisaient à briser les chaînes de l'innocence opprimée , à rappeler dans le sein de la patrie, à rendre à l'église souffrante, à remettre dans les bras de leurs parens et de leurs amis , les généreux , les respectables martyrs du despotisme révolutionnaire.

En se reportant *aux époques fatales* que nous offrent les odieux monumens de la persécution la plus gratuite et la plus affreuse, contre les ministres paisibles d'une religion sainte , d'une religion auguste, d'une religion divine ; l'on est forcé de convenir que, depuis l'assemblée constituante jusqu'à la dernière loi sur la liberté des cultes, loi plus astucieusement politique que réellement consentie dans le fort-intérieur du gouvernement, les scélératesses et les horreurs , les crimes et les forfaits se sont multipliés jusqu'à l'excès , et d'une manière atroce, à l'égard des prêtres insermentés, de leurs défenseurs officieux , et des personnes sensibles qui avaient le courage, malgré des menaces tyranniques et homicides, de les retirer chez elles pour soustraire ces malheureuses victimes à la hache des boureaux.

Sous aucune législature, en remontant à la première et jusqu'aux états généraux, la nation n'a délégué ni implicitement ni explicitement à ses représentans vrais ou supposés tels, *des pouvoirs subversifs* de l'ordre précédemment établi, des opinions reçues et accréditées, des principes de justice et, enfin, de la morale publique.

Il n'y a que les tyrans et les ambitieux qui, après avoir égaré la multitude dans des temps de trouble et d'anarchie, osèrent insulter à la divinité, s'emparer des consciences et y *implanter le matérialisme*. Ils rompirent alors tous les liens sacrés qui, dans le systême religieux, unissaient les hommes les uns aux autres par les sentimens les plus doux, par les affections les plus tendres, par les rapports aussi étendus que durables de l'amitié individuelle, de l'intérêt commun, du bonheur social, du commerce, de l'industrie, des lumières, des talens et des arts.

Ne fallait - il pas être arrivé au plus haut dégré de licence et de dépravation, pour ne donner d'autre levier, d'autre mobile, d'autre point d'appui aux actions humaines, que la politique réduite à elle - même et à ses propres moyens ? En effet, quelles vertus trouverez-vous chez des êtres égoïstes, corrompus, qui n'auront aucuns sentimens de religion ; et que leur serviront la sagesse de vos lois et vos belles maximes, si leurs passions effrénées leur permettent de s'en jouer et de les fouler aux pieds ?

Vous avez été jusqu'à leur dire : « la reli-» gion de vos pères est une erreur enfantée » par la crainte, l'ignorance, le fanatisme et » la superstition : le bandeau de l'illusion est » déchiré : ouvrez les yeux aux rayons de la » philosophie, dont le flambeau commence à » éclairer l'univers : renversez ces temples ; » détruisez ces autels que des charlatans, que » des illuminés, des empiriques chrétiens ont » élevés au milieu de vous, pour en imposer » à vos sens et à votre imagination. »

Mais qu'est - il résulté, depuis six ans, de ce langage et de ces principes impies ? Des maux incalculables pour les différentes classes

de la société. Faut-il s'en étonner ? Une triste
expérience ne nous a-t-elle pas prouvé
qu'une *incrédulité générale* est nécessairement
la source de tous les vices, de tous les désordres, de tous les attentats , parce qu'é-
émoussant les remords, elle enhardit l'âme
à se livrer sans réserve à ses mauvais pen-
chans, à ses habitudes criminelles ? . . . .

Représentans du nouveau tiers, vous avez
cherché dans le fond, les ministres et les
formes de la religion, le remède à la licence
des mœurs, au poison de l'athéisme , aux
plaies du corps social : soyez fiers de vos
bonnes intentions et de votre conduite ; vous
êtes acquittés, aux yeux de la nation et dans
votre conscience, du crime de *fanatisme religieux*. Jouissez de vous-mêmes et de vos
vertus : mais que vos ennemis se taisent, qu'ils
rougissent ! Puissent-ils à la fin vous ressembler ! . . . .

3.º Non les députés du nouveau tiers ne
sont point des hommes vendus à Louis XVIII.

Je le demande : où sont leurs moyens, leurs
ressources pécuniaires, leurs armées, pour
lui ouvrir l'entrée libre de la France et lui
frayer ainsi la route du trône ? Quelles preuves

directes ou indirectes *la police du jour* peut-elle administrer à l'appui d'une pareille supposition ? qui ourdit, dans l'ombre du mystère, la trame secrète de ce complot royaliste ? où en sont les agens principaux ou secondaires ?

Qu'a donc de commun l'abolition des lois injustes avec la cause du prétendant ? Le desir sincère de la paix, l'amour de l'ordre, la restauration des finances, le retour du crédit et de la confiance, la justice et l'humanité, seraient - ils des *marques distinctives* d'un sentiment de préférence, qui déterminerait des démarches et des entreprises favorables à son parti ?

Ce projet, s'il existait réellement, ne rencontrerait - il pas, dans son exécution, des obstacles insurmontables ?

Avant d'atteindre le but, ne faudrait-il point *passer par les horreurs de la guerre civile ?* N'est - ce point une méchanceté atroce, que de prêter des intentions aussi cruelles qu'absurdes aux représentans de l'an V.^e ?

Sans doute ils repousseront, de tout leur pouvoir, cette faction éternellement conspiratrice, qui, après avoir organisé chez nous, sous des périodes désastreuses, les insurrections, les assassinats, le meurtre et le pillage, après nous avoir mis aux prises avec les puissances étrangères, cherche encore à exciter un grand mouvement dans la capitale et dans toutes les villes populeuses, pour proclamer, sur les corps sanglans des Français massacrés, *son idole*, chef suprême de la nation.

Mais cette même nation l'a juré, et l'honneur ainsi que la justice, lui imposent l'obligation de s'y opposer ; le trône des Bourbons ne sera jamais occupé par *un usurpateur*. Il est constant que, sous les rapports de son bien-être et de sa liberté politique, elle a toujours le droit de se donner un roi, de rétablir la monarchie. Je le répète : dans cette hypothèse, elle ferait un choix qui s'accorderait avec sa conscience, avec les principes d'équité, avec sa gloire, son repos, son bonheur, enfin, avec le respect des convenances et les égards dus aux différentes cours de l'Europe.

D'un autre côté, on crie contre la rentrée des émigrés. D'impudens folliculaires, qui ne rougissent de rien, les montrent de loin au peuple et aux autorités qui les cherchent en vain, comme arrivant en foule dans les cités et dans les campagnes.

Il est impossible de mentir plus grossièrement, avec plus de complaisance et de perfidie. Que l'on prenne les noms des personnes inscrites sur la liste fatale, et l'on verra jusqu'à quel point la malveillance peut éxagérer les faits. Si nos honnêtes et sensibles députés ont témoigné quelqu'intérêt pour des familles malheureuses, qu'un code sanguinaire avait proscrites et chassées de leur terre natale, du sein de la mère patrie, c'est que la nature est plus forte que la tyrannie, et qu'il arrive un moment où la première, reprenant tous ses droits, tout son empire sur les âmes vertueuses, brise le sceptre de fer, le joug odieux sous lequel gémissaient des milliers d'innocens, évincés de leurs biens et bannis révolutionnairement de leurs foyers.

Des écrivains du premier ordre et d'une probité reconnue, ont traité la question de l'émigration avec un talent supérieur. Sans doute, le fond est jugé : mais il n'appartient peut-être qu'à la génération suivante de la décider en faveur des intéressés. La constitution parle : le corps législatif et le gouverne-

ment sont là pour entendre leurs réclama-
tions et prononcer. Je ne puis, moi, qué plain-
dre le malheur et donner des larmes à l'infortune.

C'est également *une fausseté manifeste* de
publier que les acquéreurs des domaines nationaux sont troublés dans leur jouissance ;
que l'on sonne le tocsin de la persécution et
de la mort contre les patriotes et les républicains. Ceux qui méritent véritablement d'être
appelés de ce nom, ne sont point inquiétés ;
ils vivent bien tranquilles. Souvent divisés d'o-
pinion *avec les honnétes-gens*, ils n'en ont
jamais été séparés par la conduite et les sentimens.

Mais où sont-ils donc ces prétendus émigrés qui parcourent, nous dit-on méchamment
et à dessein, leurs anciennes possessions, pour
en égorger ou en expulser à main armée les
nouveaux propriétaires ? Que l'on nous indi-
que les tribunaux civils ou criminels qui ins-
truisent de ces délits : que l'on nous décline
les noms, l'état et la profession des coupables.

Ne serait-ce pas plutôt des gens apostés et
payés pour de parcilles expéditions ? Ou bien,
encore, ne sont-ce pas des bandes de forçats,

de coquins et de voleurs qui commettent ces brigandages ?

C'est au lecteur impartial à juger actuellement quel dégré de confiance méritent des imputations aussi absurdes et aussi calomnieuses. Passons au quatrième chef d'accusation.

4.° Les députés du nouveau tiers ne sont, ne doivent et ne peuvent être *les antagonistes* du directoire éxécutif. Ils ne veulent ni le renverser, ni l'asservir. Ils ne le considèrent point, comme un surveillant importun, dont ils ont intérêt de se débarrasser, pour arriver sans obstacle à leurs fins criminelles.

J'avoue que j'ai besoin ici de me recueillir pour éxaminer et analyser de sang froid *une inculpation* aussi grave en elle-même, aussi sérieuse dans ses causes, dans son objet et dans ses résultats. Mais il ne suffit pas d'en remarquer la fausseté, les dangers et les conséquences, il faut encore la combattre, la repousser avec les armes victorieuses de la raison, avec l'éloquence persuasive de la vérité, avec ce ton de décence, avec ce respect que commande l'autorité du peuple, transmise à quelques-uns des membres du corps social.

Sans doute, c'est un ministère douloureux,

c'est un devoir bien pénible à remplir, que celui de défendre la cause des dépositaires immédiats de la puissance suprême, contre les premiers magistrats de la république. Je ne saurais parler pour les uns que je ne sois défavorable aux autres : tel est le malheur de notre position actuelle, telle est la fatalité des circonstances, que l'harmonie est réellement rompue entre les deux pouvoirs, et qu'il existe *un conflit d'autorité* qui afflige tous les amis sincères de l'ordre, de la paix et de l'humanité.

Il est si terrible de trouver des *coupables* dans ceux auxquels on a confié, sur la foi de l'honneur, *le dépôt sacré* de son éxistence civile, politique et morale, qu'il répugne à la sensibilité de l'honnête homme d'aprofondir des choses où l'on craint d'apercevoir, sinon les preuves, au moins les traces et les indices de la mauvaise foi, de la trahison et de la tyrannie.

D'abord il ne peut y avoir, quant au droit, aucune rivalité fondée entre les représentans de la nation et les membres du directoire exécutif. Tous les Français savent aujourd'hui que la plénitude, la force et la perfection de la souveraineté, résident essentiellement dans le peuple ou corps social, par l'entremise, par l'organe de ses délégués ou fondés de pouvoir.

C'est en effet *dans la représentation nation-nale* que se trouve cette volonté vierge ou originelle, cette volonté suprême qui, par sa nature, ne peut opérer ni se communiquer, que pour le bien général, et à laquelle doivent toujours se rapporter toutes les pensées, toutes les actions du gouvernement.

Cette volonté supérieure et prédominante dans l'association politique, qui n'existe, qui ne se transmet de proche en proche que pour le bonheur de tous, n'est susceptible, à cet égard, d'aucune variation. Cette tendance permanente à une fin aussi utile, est de ri-gueur, afin que le but de l'institution soit par-faitement rempli, que les forces de l'état soient sans cesse dirigées vers le but essentiel, et que les membres de la société jouissent paisible-ment, sous la direction nécessairement droite de cette même volonté, d'une sureté véritable, et qui améliore réellement leur état.

C'est donc de cette source pure et primitive, qu'émane l'autorité des magistrats. C'est de là que découlent, comme d'un réservoir inépui-sable et élevé, tous les autres pouvoirs, pour se répandre ensuite , par des canaux plus ou moins grands , dans les diverses branches de l'administration générale.

Voilà, je crois, des principes incontestables qui établissent, d'une manière positive, *la suprématie* du corps législatif, et *sa prééminence radicale* sur le pouvoir éxécutif. Ainsi l'opposition du premier aux entreprises téméraires, aux prétentions éxagérées du second, dans la circonstance présente, loin d'être une lute, une rivalité de puissance, est véritablement un *acte de souveraineté.*

Ainsi, les deux conseils ne veulent ni renverser ni asservir le directoire. Ils ne cherchent pas non plus à s'en débarrasser comme d'un surveillant importun. L'idée de pareils attentats, qui répugnent autant à leur caractère qu'à leurs sentimens et à leurs principes, est absolument contradictoire , incompatible avec *la supériorité morale et politique* que leur donnent la nature ; l'excellence et la dignité de leurs fonctions.

Ils font les lois au nom, pour la gloire et la sureté du peuple qui les a élus librement. Ils ne reconnaissent, ils n'ont en effet rien au dessus d'eux que la nation à laquelle ils appartiennent exclusivement , et qui leur a transmis la plénitude de leur puissance. *S'ils se liguent , s'ils conspirent* , c'est pour le maintien de la constitution , c'est pour le bonheur commun, c'est pour l'anéantissement de toutes les factions, c'est pour la conservation et l'indépendance du corps législatif.

La forme actuelle du gouvernement n'admet point, elle repousse au contraire l'éxistence d'une magistrature égale ou supérieure au pouvoir du peuple. On conçoit aisément ce qu'elle serait, ce qu'elle oserait , ce qu'elle pourrait dans l'une et l'autre supposition. Une longue et triste expérience ne nous a que trop prouvé combien les hommes en place sont disposés à étendre leurs prérogatives, à acroître leur autorité. L'orgueil et l'ambition les aveuglent au point de substituer leurs vues particulières à la volonté générale , et leurs petites passions, aux grands intérêts de la société. Sous les rapports de l'économie politique, ils ne sont que de simples administrateurs ; mais , par une méprise grossière sur les droits de la nation et sur la nature de leurs pouvoirs, ils s'élevent, dans leur imagination, au dessus de tout ce qui les environne, et de la puissance même, dont ils ne sont que les agens principaux ou secondaires.

Ces entreprises audacieuses qui tendent à troubler l'harmonie sociale, qui exposent le corps politique à des secousses violentes et aux horreurs de la guerre civile, exigent l'établissement d'un code pénal, pour la poursuite juridique et la punition éxemplaire de pareils délits. Cette mesure est indispensable ; car dans aucune espèce de constitution, la liberté n'acquerra une consistance, une solidité réelle, si le cercle dans lequel doit s'éxercer la puissance du magistrat, n'est tracé profondément par la main de la loi, et si son bras menaçant ne repousse perpétuellement dans l'enceinte de ce cercle, le pouvoir qui serait tenté d'en sortir.

Qu'à la tête du code criminel des peuples, jaloux de leur repos et de leur indépendance, paraissent toujours ces dispositions pénales ; qui menacent de la vengeance publique ces dépositaires infidèles ou ambitieux de la force de l'état ; qu'ils y lisent leurs devoirs tracés des mains même de la mort, s'ils ne les trouvent pas gravés dans leur propre cœur, et que les citoyens apprennent qu'il est pour les tyrans, ainsi que pour les dominateurs, une justice nationale.

J'arrive enfin au dernier chef d'accusation : sans contredit, il ne serait pas le moins grave, s'il existait réellement, et si l'on pouvait fournir à l'apui des preuves assez convaincantes pour ne laisser aucun doute, même sur l'intention.

En effet, de quel crime capital ne se seraient point rendu coupables envers la France, envers l'Europe et l'humanité entière, les députés de la nouvelle législature ? N'étaient-ils pas spécialement chargés par le peuple d'éteindre les divisions intestines, de cicatriser les plaies de la patrie, de rouvrir les sources de la morale et de la prospérité publique ? N'étaient-ils pas envoyés pour réintégrer le corps législatif dans ses véritables droits, pour ramener le règne si désiré de la justice et des lois, pour hâter le retour heureux de toutes les vertus sociales, pour assurer le triomphe de l'innocence et des principes contre l'oppression et l'intrigue, pour détruire les abus, en un mot, pour rétablir l'ordre dans le vaste système de l'économie politique ? N'avaient-ils pas encore une autre mission aussi importante, aussi sûblime à remplir, celle de terminer une guerre désastreuse par les conclusions définitives d'une paix aussi solide qu'honorable avec les Puissances étrangères ?

C'est ici qu'il faut que la calomnie expire de rage et de désespoir dans l'impuissance où elle se trouve de justifier ses monstrueuses impostures. C'est ici qu'ils sont confondus ces hommes pervers, pour qui le trouble et l'anarchie sont un besoin impérieux, pour qui les *calamités publiques* sont des jouissances cruellement délicieuses. Qu'ils se taisent, qu'ils se cachent, qu'ils rentrent dans la poussière ces êtres audacieux et corrompus, dont les poignards menaçaient les jours et la liberté des représentans fidèles ; ces philosophes athées, dont la bouche impie proférait des blasphêmes contre les généreux défenseurs d'une religion qui défend tous les crimes et qui commande toutes les vertus, tous les sacrifices, même les plus pénibles à la nature.

Les députés du nouveau tiers, depuis leur entrée aux deux conseils, n'ont fait et proposé que des choses dignes d'eux, de la nation et de la postérité. Sans autres armes que celles de la raison, de l'éloquence et du sentiment,

sans autre force que celle de l'opinion publique, sans autre garde que celle de l'amour
et du respect de leurs concitoyens, ils se sont
mis en face des partis ; ils leur ont opposé une
sagesse et un courage inébranlables, qui ont
sauvé la capitale et la France entière des horreurs d'une seconde révolution.

Les députés du nouveau tiers ont tenu parole au peuple souverain qui les a élus. Ils
n'ont pas craint de mourir pour s'acquitter de
leurs engagemens sacrés : ils ont arraché des
mains des factions conspiratrices les torches
enflammées que leurs chefs tenaient suspen-
dues sur nos têtes.

Les députés du nouveau tiers, empressés de
ranimer le crédit et la confiance, de raviver
le commerce et les arts, ont osé descendre
dans l'abîme de nos finances pour en sonder
la profondeur. Les dépenses étaient énormes;
on ne rendait point de comptes ; les fonds
s'écoulaient des caisses particulières et de la
trésorerie par des canaux invisibles ; des opérations fiscales achevaient de ruiner les commis et les rentiers ; tous les abus appelaient
la surveillance du corps législatif, et ses membres les plus zélés, les plus purs, s'efforcèrent

d'arrêter le cours de désordres aussi préju-
diciables au bien public.

A Dieu ne plaise que je veuille, par ré-
crimination, inculper les premiers magistrats
du peuple. Je sais que, dans les circonstances
orageuses et difficiles, où ils ont pris les rênes
du gouvernement, que depuis cette époque,
jusqu'à ce jour, il était peut-être plus aisé de
faire des fautes, de s'égarer, de commettre
même certains excès, que de mériter l'estime
universelle par des actes constans de justice,
de sagesse, de prudence et de modération.

Sans doute, la journée de vendémiaire sera
toujours dans les fastes, dans l'histoire sanglante de nos divisions politiques, une journée de deuil, de carnage et de proscription
en masse. Ce fut le massacre d'un millier de
victimes jusques dans le sanctuaire des lois,
aux pieds mêmes de l'autel de la patrie. Jetons,
s'il se peut, un voile épais sur un événement,
sur une catastrophe, dont le souvenir réveille
des haines et ne sert qu'à aggraver encore le
sentiment de nos malheurs.

Cependant, je dois à ma conscience et à la
vérité, de dire que, depuis l'installation du directoire exécutif, les Français sont délivrés du

régime affreux de la terreur ; que les écha-
fauds du despotisme révolutionnaire ont dis-
paru ; que l'honnête père de famille et tous
les citoyens paisibles jouissent , en public,
comme dans l'intérieur de leur domicile, de
la tranquillité la plus parfaite. Ce sera toujours
un honneur pour le directoire éxécutif d'avoir
appelé au ministère , pour étayer son pouvoir et le seconder dans ses opérations , un
Cochon, un Benezech, un Petiet, qui empor-
tent nos regrets , et que ses propres ennemis,
des hommes intéressés à sa perte , lui ont con-
seillé d'éloigner des affaires. Le directoire a
fait beaucoup pour la nation : en contenant
les factieux au dedans, il a accoutumé les puissances étrangères à nous respecter au dehors
comme citoyens et comme guerriers. Il a jeté
les fondemens d'une paix infiniment glorieuse
pour nous et très-utile pour toute l'Europe.
Il peut aujourd'hui faire encore plus de bien
que jamais, et changer en lauriers les funestes
cyprès. Les torts qui ont leur source dans
l'erreur, dans des craintes éxagérées , dans
un excès de surveillance et de précaution,
indisposent pour le moment, mais ne laissent
point dans les âmes sensibles, des impressions

durables et permanentes , lorsque les intentions n'ont pas été évidemment criminelles , et que les actes ultérieurs de la puissance ne tendent qu'au bien général , à la concorde et à la bonne intelligence entre tous les membres du corps social.

Premiers magistrats du peuple , hâtez-vous de vous réunir : faites bien vîte entre vous une paix solide , qui soit le gage de celle que nous voulons donner à l'univers , au nom sacré de la justice et de l'humanité. Vertueux et sage Barthelmy , joignez - vous au constitutionnel , à l'incorruptible Carnot ; formez avec les deux conseils une sainte alliance , pour opérer cette heureuse réconciliation qui vous garantit votre sureté personnelle , le bonheur de la France , et l'anéantissement de tous les partis.

Au Conseil des Anciens.

Vous, dont la *création politique* est l'ouvrage d'un génie bienfaisant, est le plus sûr garant , le plus ferme apui de notre liberté , de notre repos et de notre bonheur ; vous qui formez une réunion constitutionnelle d'hommes sages , éclairés et vertueux ;

Membres du conseil des anciens! qu'elle est consolante, qu'elle est honorable, qu'elle est sublime la mission que la confiance du peuple a offerte à votre patriotisme, à vos talens et à votre expérience!...

Nos destinées sont, pour ainsi dire, dans vos mains. Placés entre deux pouvoirs également nécessaires au maintien de la société, vous êtes le *grand régulateur* de leurs pensées et de leurs actions.

Toujours là pour les observer, les contenir mutuellement, les balancer l'un par l'autre, les renfermer dans les bornes de la constitution, vous êtes un *point central* où ces forces essentiellement agissantes sont, malgré la différence de leur nature et de leurs attributions, sans cesse ramenées par le besoin de leur existence et de leur conservation respective.

Sénateurs Français, pères de la patrie, continuez d'être pour nous des *anges tutélaires* : dans les circonstances difficiles où nous nous trouvons, interposez l'autorité toute puissante de l'amour, de l'âge et de la raison, pour rapprocher de cœur, d'esprit et d'intérêt, deux pouvoirs dont la désunion serait, pour vous, pour eux-mêmes et pour la France entière, un fléau désastreux.

Respectables amis de l'ordre et de la paix, imposez silence à toutes les factions, ou plutôt, anéantissez les sans secousse, sans commotion, à l'aide de vos conseils, de votre prudence et de votre fermeté.

Si les états, les empires, les républiques, se fondent, croissent, s'étendent par des victoires, du courage et de l'énergie; ils deviennent florissans, ils prospèrent, ils se conservent par la religion, par la morale, par de bonnes lois, par la justice, par un système de finances bien combiné, par les arts et le commerce, en un mot, par une heureuse harmonie entre tous les membres du corps social.

Au point où en sont les choses, dans le moment de crise où nous sommes, il n'appartient peut-être qu'à vous seuls de nous faire jouir de ces précieux avantages. Par votre institution, vous êtes revêtus du caractère auguste de médiateurs : juges aussi sévères que désintéressés dans toutes les matières de législation civile, politique et morale, vous exercez, sur les esprits et sur les cœurs, *une suprématie d'autant plus imposante*, qu'elle a son origine et son empire dans l'heureux assemblage des qualités et des vertus auxquelles les hommes, même les plus dépravés, ne sauraient refuser intérieurement leur estime et leur admiration.

Avec des titres aussi respectables, et quand vous êtes investis de la confiance publique, lorsque tous les vœux, toutes les espérances sont dirigés vers vous ; *de quels prodiges* n'êtes-vous point capables, membres du conseil des anciens ? quelle issue favorable n'êtes-vous pas en droit d'attendre *de ces entretiens* où vous ne parlerez que le langage de la paix et du sentiment ; *de ces démarches amicales* qui auront pour but une réconciliation prochaine entre deux autorités, dont le parfait accord est, pour le gouvernement, le gage le plus assuré de son existence, de sa force et de sa durée ?

Regia, crede mihi, res est succurrere lapsis.
Convenit et tanto, quantus es ipse, viro.

Au Directoire Exécutif.

O vous qui n'existez, n'avez de force légale, d'empire durable, que *par la constitution, dans la constitution* et *pour la constitution ;* vous dont la nation, d'après ces principes que vous avez juré vous-mêmes de maintenir, ne peut et ne doit *reconnaître l'autorité*, qu'autant que celle-ci s'accorde, s'identifie avec les lois de l'état devenues souveraines par la volonté, l'organe et la sanction des représentans que nous avons appelés librement à l'exercice de nos droits.

Membres du directoire éxécutif, pourquoi ce *schisme impolitique*, *immoral* et *scandaleux* entre les premiers magistrats du peuple, entre des hommes à qui l'honneur, la délicatesse, la gloire, et des intérêts communs, imposent l'obligation de se réunir et de *sacrifier au bien public* leurs prétentions, leurs rivalités, leur orgueil, et jusqu'à leurs ressentimens ?...

Perierunt omnia, ubi quantum suadet ira,
Fortuna permittit.

Les malheurs de la France datent de l'époque où la dissipation et l'insouciance d'une cour efféminée, permirent à la maison d'Orléans, de jeter à côté, et sous les yeux même de *l'autorité légitime*, les fondemens de *cette puissance colossale*, qui renversa le trône des Bourbons, après en avoir arraché, à main-armée, l'héritier présomptif.

Ainsi, l'ambition et la haine d'une famille, ou plutôt *d'un seul homme*, ont produit parmi nous, dans une partie de l'Europe et de nos Colonies, *ces catastrophes sanglantes*, *ces événemens terribles*, dont nous trouvons partout des traces qui subsisteront jusqu'aux générations les plus éloignées.

Le grand livre de l'histoire et des empires, est ouvert pour l'instruction commune des peuples et de tous ceux qui les gouvernent. Membres du directoire, osez le prendre, le lire et l'étudier..... Mais, sans aller chercher dans l'antiquité des faits qui vous éclairent sur vos devoirs et sur votre sort à venir ; arrêtez vos regards sur les derniers temps de la monarchie Française et sur les années qui suivirent sa destruction : ne voyez-vous pas que *les ambitieux* et *les dominateurs*, après avoir été *les idoles* de la multitude et l'avoir associée à leurs forfaits, en sont devenus *les victimes* par un châtiment inévitable ?.....

Mais, quel triste spectacle, quel exemple frappant, que celui de Louis XVI, assassiné judiciairement par *un parti conspirateur et redoutable*, malgré sa naissance, ses vertus, ses bienfaits , et surtout, contre le vœu de la Nation !.....

Si, cependant, les chefs forcenés *d'une faction impie*, ont pu faire mettre en jugement et condamner à mort une tête couronnée, pour des crimes qu'ils avaient eux-mêmes provoqués , afin d'en rejeter tout l'odieux *sur la personne du prince règnant*, n'est-il point dans l'ordre des choses possibles que , sous un *gouvernement démocratique* , l'abus du pouvoir, des délits réels et constatés, n'attirent sur leurs auteurs, quelque soient leur rang et leur élévation , *la vengeance des lois* qu'il n'est plus permis de violer impunément, et qui, désormais , ne respecteront que la justice, l'innocence et la vertu ?.....

Premiers fonctionnaires de la république, je viens de vous parler un langage auquel vos oreilles ne sont peut-être point accoutumées.... Pardonnez un excès de zèle que justifie, qu'autorise la pureté de mes intentions.

Oui, je ne crains pas de le dire : il est quelquefois très-utile, *pour le bien général et pour la sureté même des hommes en place*, de rappeler *des souvenirs, des vérités terribles* qui les mettent en garde , au faîte des honneurs, des richesses, de la grandeur et de la puissance, contre les séductions de l'amour-propre, les discours empoisonnés de la flaterie, les écueils de l'ambition et les dangers d'une trop longue résistance à l'opinion publique.

Aux Puissances Étrangères.

Rois de la terre, puissances du monde! N'est-il donc plus de repos pour vous, pour vos fidèles sujets, pour les habitans de l'une et l'autre hémisphère ?.....

La révolution Française serait-elle donc un gouffre, un abîme sans fond, où doivent disparaître, s'engloutir les générations présentes et futures ? Serait-elle le prélude effrayant *du pressura gentium*, dont le tableau nous est tracé par le divin législateur ?.....

Les méchans, les impies ont sonné le tocsin de la terreur et de la mort sur les hommes vertueux. Le crime et l'athéisme ont arboré de concert l'étendart de la révolte contre les autorités légitimes, contre le Dieu des chrétiens. Les peuples consternés, sont dans le mouvement et dans l'agitation.

Des villes réduites en cendre, des plaines
jonchées

jonchées de cadavres ; les eaux des fleuves et des rivières, changées en sang ; mille bouches à feu vomissant, du haut des forteresses et dans les campagnes, la flamme, la destruction, le trépas, avec un bruit épouvantable ; des armées en présence qui s'ébranlent, s'approchent, se heurtent, se culbutent, se renversent au milieu de l'épouvante et du carnage, des cris du vainqueur et des gémissemens du vaincu : voilà une faible esquise des maux qui, depuis cinq ans, affligent l'humanité.

Souverains de l'Europe, princes, potentats, magnifiques seigneurs, généraux, plénipotentiaires, ambassadeurs, et vous peuples des deux continens, formez *une ligue invincible et sacrée*, pour mettre fin à une guerre qui menace le globe d'un embrasement général ; arrêtez le glaive de la vengeance céleste dans les mains de l'ange exterminateur. Tournez vos regards, élevez vos âmes vers la Divinité.

Nos désastres, nos malheurs en France ont leur source dans l'irréligion, la soif des honneurs et des richesses, dans l'orgueil, l'ambition et le débordement des mœurs.

Nations policées, et vous qu'elles ont proclamé *leurs chefs suprêmes*, qu'elles reconnaissent toujours pour leurs maîtres *au spirituel* et *au temporel*, éloignez, repoussez de votre territoire, et s'ils osent pénétrer chez vous, livrez à la justice, à la sévérité des lois, ces hommes remuans et inquiets, ces esprits brouillons, *ces révolutionnaires à gage* qui, par la méchanceté de leur caractère, par l'habitude du désordre et du crime, deviennent, au premier signal *de leurs coryphées anarchistes*, les boureaux de leurs parens, de leurs amis, de leurs bienfaiteurs et de toutes les familles honnêtes. Lions, tigres dévorans, ils sont partout où ils se trouvent, lorsqu'ils ont un scélérat à leur tête, *les tyrans* ainsi que *les fléaux* de la société.

Mais, comment réprimer l'audace et les excès de ces êtres aussi dangereux que pervers, qui semblent s'être dépouillés de leur propre nature, pour prendre, sous une forme humaine, *les inclinations des bêtes féroces?* Quelle digue opposer à leur fureur? Est-il des moyens, est-il une force capable de les contenir et de leur en imposer? Comment réintégrer, dans le corps politique, ces élémens de discorde et de destruction? Comment renouer, rattacher, d'une manière utile à la tranquillité publique, *ces fils d'intrigue, ces conducteurs de complots* et *de conspirations démagogiques ?*

Puissances étrangères, vous pouvez, conjointement avec nous, opérer un pareil prodige ; hâtez - vous de rendre la paix à l'Europe agitée. En comblant nos vœux, vous nous rendez maîtres des brouillons, des hommes égarés, et même des scélérats. Vous y trouvez également la garantie de votre existence politique, de vos droits et de votre autorité. N'en doutez pas : vous êtes , pour le moins , aussi intéressés que nous à *l'entière cessation des hostilités* qui éloignent l'époque d'une heureuse réconciliation entre des peuples faits pour s'aimer et s'estimer réciproquement. Le sang n'a - t - il donc point assez coulé de part et d'autre ? Tandis que, fidèles à leur serment, à leurs drapeaux et à l'honneur, des soldats intrépides défendaient au dehors vos villes et vos possessions contre les attaques d'un ennemi victorieux ; n'avez - vous pas été obligées de déployer vous - mêmes la force au dedans, pour arrêter des mouvemens séditieux, pour maintenir le bon - ordre et vous opposer aux tentatives de quelques ambitieux ?

Non, jamais les monarques et tous ceux qui gouvernent, n'importe sous quelle dénomination, ne sont plus assurés de leur puissance et du repos de leurs sujets, que dans les temps calmes. C'est alors qu'investis de la confiance du peuple et de l'autorité des lois, ils sont en état d'exercer immédiatement, sur tous les citoyens, cette salutaire, cette active et sage surveillance qui contient les malveillans par la crainte d'une juste punition, et qui encourage l'homme de bien par la certitude d'une éxistence tranquille. C'est alors que les vertus sociales s'infusent dans les cœurs à l'aide de la concorde et de l'amitié. Le méchant, qui n'a plus sous les yeux que des éxemples propres à le détourner des sentiers du vice, abandonne malgré lui ses inclinations perverses, et il devient utile à lui - même, ainsi qu'à ses semblables. C'est alors que *la religion et les mœurs*, respectées en public et dans l'intérieur des familles, unissent les hommes par des liens aussi sacrés que durables. C'est alors que le commerce et l'industrie, les talens et les arts, les finances et la législation, se prêtant un secours mutuel, forment entre eux une *sainte alliance*, dont les avantages fixés au centre du gouvernement, se communiquent de là, par ses rayons, à tous les points de la circonférence, et s'étendent ensuite, indéfiniment, à nos alliés, à nos voisins, aux nations policées des deux mondes.

Puissances étrangères, je viens de plaider votre cause et celle de l'humanité. Je me plais à croire que vous sentirez, enfin, la nécessité de poser les armes, de vous entendre sur vos intérêts respectifs, et de conduire les négociations commencées au terme désiré d'une *pacification générale*, d'un pacte fédératif entre les divers cabinets de l'Europe. Vous aurez réalisé le beau rêve de l'abbé de S. Pierre. Le bonheur des faibles mortels, sur la terre, ne sera plus un vain songe, un fantôme brillant. Vous aurez ramené parmi nous les temps fortunés de l'âge d'or. Vos noms, toujours révérés et couverts de gloire, passeront à la postérité la plus reculée. Vous aurez donné la paix à l'Univers, vous aurez assuré le repos du genre humain. Est-il des titres plus magnifiques, plus flateurs et plus durables à son amour, sa vénération et sa reconnaissance ?..

Si le Ciel m'avait *fait naître sur un trône,* ou qu'il m'eût appelé *dans une république* à l'exercice du pouvoir suprême, ma seule étude, mon unique ambition, au faîte des grandeurs et des autorités, serait de ressembler, pendant ma vie et après ma mort, aux Titus, aux Trajan, aux Antonin et aux Marc-Aurele, dont *les règnes fortunés* rappellent encore aujourd'hui des souvenirs si chers à l'humanité.

En supposant que des circonstances impérieuses me privassent de ma couronne, j'en regretterais la perte, moins pour l'honneur de la posséder, que pour le plaisir *de faire des heureux*. Je ne voudrais point reconquérir mes états par la force des armes, *il faudrait verser le plus pur sang de mes sujets*. S'il était dans les desseins secrets de la providence, que *le sceptre me fût rendu*, je le reprendrais sans secousse, sans violence, du consentement libre et unanime de la Nation.

Les empires ainsi restitués aux véritables dépositaires de la puissance souveraine, lorsque ceux-ci se montrent si grands, si généreux dans leur abaissement et leur infortune, semblent devenir plus que jamais leur propriété, ainsi que celle de leur famille et de leurs descendans.

Mais *l'usurpation* a quelque chose de si

odieux, de si méprisable par elle-même, que je rougirais, que j'aurais horreur de m'emparer, *n'importe de quelle manière*, d'un bien qui ne m'appartiendrait pas, selon la naissance, si d'ailleurs j'en étais repoussé, exclus par la volonté du peuple et par la constitution actuelle du pays.

Un mot sur la Faction d'Orléans.

Dans l'état présent des choses, et d'après la disposition des esprits, quel est donc le délire et l'acharnement, quelle est donc l'audace de *cette faction sourdement conspiratrice*, dont le nom rappelle et signifie *tous les forfaits de la révolution*, depuis l'incendie des barrières jusqu'à la journée sinistre du 6 octobre 1789, et depuis *cette époque fatale*, jusqu'au temps où nous vivons ? Quelle montagne de crimes et d'opprobre pèse sur la mémoire flétrie de ses chefs abhorrés !......

Où peut être l'espoir d'un triomphe prochain et assuré *pour un parti*, dont rien ne saurait *légitimer* les prétentions, et qui est voué à l'exécration publique ? Je veux bien croire que le jeune prince, sur la tête duquel il s'agit, *suivant la chronique scandaleuse*, de-placer la couronne des Bourbons, possède, dans un dégré éminent, toutes les qualités né-cessaires au monarque d'un grand empire. Je me plais même à penser, pour sa propre gloire, pour l'intérêt de sa famille et pour l'honneur de l'humanité, qu'il est *le très-digne* fils de la *plus vertueuse* des mères, de la *plus respectable* des femmes.

Mais, que sont les talens, le mérite, la nais-sance et le courage d'un seul individu devant le sort et les destinées d'un peuple entier!.... Quelles difficultés à vaincre, quels obstacles à surmonter, quels flots de sang à répandre, quelle confusion, quel désordre, quelles ca-tastrophes, quelle boucherie terrible avant que *le prétendu roi* pût parvenir jusqu'aux pre-miers degrés d'un trône envahi ?.....

Un honnête et paisible citoyen qui aime sin-cèrement sa patrie, qui forme sans cesse des vœux pour le repos et le bonheur de ses sem-blables, me tint à cette occasion, depuis les nouveaux troubles, le discours suivant :

« Si j'étais le ci-devant duc de Chartres, je » ferais, au corps législatif et au directoire » national de France, ma profession politique,

» accompagnée d'une *adresse pleine d'énergie,*
» dans laquelle je désavouerais hautement,
» comme *contraire à la justice et à l'hon-*
» *neur, aux vrais principes et à la délicatesse,*
» tous ces écrits incendiaires, toutes ces cons-
» pirations de meurtre , d'assassinats et d'a-
» narchie, qui ont eu et qui auraient encore
» pour but *de me placer sur un trône* auquel
» je ne saurais prétendre directement , *ni par*
» *droit de conquête, ni par droit de nais-*
» *sance.*

   » Je n'aurais pas besoin , pour motiver mon
» refus positif de la couronne, d'en appeler
» au tribunal secret de ma conscience : il me
» suffirait de consulter *le cri général de la*
» *France et de l'Europe entière,* sur le juge-
» ment et la fin tragique de LOUIS XVI. Je
» laisserais donc le sceptre dans les mains de
» la Nation, toujours maîtresse de le rendre
» au vrai propriétaire, à l'héritier présomp-
» tif, ou d'exercer elle-même *sa souveraine*
» *puissance,* par ses représentans et les auto-
» rités supérieures que la constitution re-
» connaît.

   » La considération toute puissante du bon-
» heur social , jointe au sentiment intérieur

» *de ma sureté personnelle*, me commande-
» rait encore impérieusement *une mesure* dont
» les résultats ne pourraient être que très-
» favorables à la cause du peuple, au retour
» du crédit, à la restauration des finances et
» au maintien du gouvernement. Je n'aurais
» alors à combattre ni le vœu de la majorité
» des Français, ni les prétentions fondées de
» Louis XVIII. Si je n'avais pas le mérite d'un
» sacrifice généreux, j'aurais du moins la
» gloire et le plaisir *d'avoir fait une bonne*
» *action.* »

Ainsi devrait raisonner, *de loin comme de près*, le fils aîné d'Orléans, avec tous ses affidés des deux mondes. Il n'en serait pas davantage pour cela l'homme des Français *libres* ou *esclaves, républicains* ou *royalistes*. Il aurait seulement *le bon esprit* de ne pas s'élever au dessus du rang que lui assignent les circonstances actuelles, la mémoire dégradée de son père, et la force irrésistible de l'opinion publique.

Dans le cas contraire, il se trouverait nécessairement entre *deux écueils également dangereux*, entre l'héritier présomptif de la couronne, suivant la loi salique, qui n'est pas

encore totalement éteinte dans les cœurs, ni
effacée de nos annales, et le gouvernement
constitutionnel de l'an 3.e, qui proscrit le régime monarchique.

HYMNE A LA PAIX.

PRÉSENT de la Divinité,
Aimable paix ! règne enfin sur la terre ;
Et dans tout l'Univers, que le cri de la guerre
    Cède aux chants de l'humanité,
Sur le char triomphant du Dieu de la victoire,
Monte, prends place, brille à côté de la gloire ;
    Mêle aux rameaux du belliqueux laurier,
    Signe éclatant de la toute-puissance,
    Les fruits tardifs de l'utile olivier,
    Gage certain d'une heureuse abondance.

Présent de la Divinité, etc.

. . . .

Dans nos tristes cités, dans nos plaines désertes,
Ramène des enfans qui réparent nos pertes :
    D'un bras vainqueur qu'ils ouvrent nos sillons,
    Rends-nous le fer que réclame la terre :
    Arrache à Mars les nombreux bataillons
    Qu'au champ d'honneur enchaîne encor la guerre.

Présent de la Divinité, etc.

. . . .

Des lugubres cyprès, le funéraire ombrage
Partout de la terreur offrait la sombre image!..
    A nos regards dérobe ces objets,
      Qui, des tyrans, nous rappellent les crimes :
      Pour effacer de pénibles regrets,
      Plante le myrthe où dorment leurs victimes.

Présent de la Divinité, ect.

. . . . i . . . .

Sous le règne des lois, laisse à l'Être suprême
Le soin de nous venger, de se venger lui-même.
      D'un sang impur, abhorré des mortels,
      Il saura bien, dans sa juste colère,
      Purger la France, et devant ses autels,
      Forcer l'impie à craindre son tonnerre.

Présent de la Divinité, ect.

. . . . , .

De la patrie en deuil calme enfin les alarmes :
Nos yeux sur ses malheurs ont versé trop de larmes !
      Des arts proscrits le temple est abattu :
      Protège-les, donne-leur un asile ;
      Poursuis le crime et défends la vertu
      Contre l'intrigue en complots si fertile.

Présent de la Divinité, etc.

. . . .

Par de plus grands bienfaits couronne ton ouvrage :
Des partis destructeurs anéantis la rage...
    Et quand ta main, par des nœuds éternels,
    Des Nations unit la destinée,
    Que le Français, embrassant tes autels,
    Abjure enfin la discorde enchaînée.

Présent de la Divinité,
    Aimable Paix ! règne enfin sur la terre ;
Et dans tout l'Univers, que le cri de la guerre
    Cède aux chants de l'humanité.